koulu - škola	2
matka - cesta	5
kuljetus - transport	8
kaupunki - město	10
maisema - krajina	14
ravintola - restaurace	17
supermarketti - supermarket	20
juomat - nápoje	22
ruoka - jídlo	23
maatila - usedlost	27
talo - dům	31
olohuone - obývací pokoj	33
keittiö - kuchyně	35
kylpyhuone - koupelna	38
lastenhuone - dětský pokoj	42
vaatteet - oblečení	44
toimisto - kancelář	49
talous - hospodářství	51
ammatit - povolání	53
työkalut - nářadí	56
soittimet - hudební nástroje	57
eläintarha - zoo	59
urheilu - sport	62
aktiviteetit - aktivity	63
perhe - rodina	67
vartalo - tělo	68
sairaala - nemocnice	72
hätätilanne - urgentní případ	76
maa - země	77
kello - hodiny	79
viikko - týden	80
vuosi - rok	81
muodot - tvary	83
värit - barvy	84
vastakohdat - protiklady	85
numerot - čísla	88
kielet - jazyky	90
kuka / mitä / miten - Kdo / co / jak	91
missä - kde	92

Impressum
Verlag: BABADADA GmbH, Nedderfeld 112 , 22529 Hamburg
Geschäftsführer / Verlagsleitung: Harald Hof
Druck: Books on Demand GmbH, In de Tarpen 42, 22848 Norderstedt

Imprint
Publisher: BABADADA GmbH, Nedderfeld 112 , 22529 Hamburg, Germany
Managing Director / Publishing direction: Harald Hof
Print: Books on Demand GmbH, In de Tarpen 42, 22848 Norderstedt

koulu
škola

luokkahuone
třída

jakaa
dělit

186 / 2

taulu
tabule

koulunpiha
školní hřiště

opettaja
učitel

paperi
papír

kirjoittaa
psát

kynä
pero

kirjoituspöytä
psací stůl

viivoitin
pravítko

kirja
kniha

oppilas
žák

reppu

aktovka

penaali

penál

lyijykynä

tužka

kynänteroitin

ořezávátko

pyyhekumi

guma

piirustuslehtiö

blok na kreslení

piirustus

výkres

pensseli

štětec

vesivärit

malířské potřeby

sakset

nůžky

liima

lepidlo

harjoituskirja

cvičebnice

kotitehtävä

domácí úkol

luku

počet

lisätä

sčítat

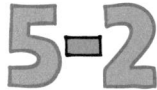

vähentää

odčítat

kertoa

násobit

laskea

počítat

kirjain

písmeno

aakkoset

abeceda

sana

slovo

teksti

text

lukea

číst

liitu

křída

oppitunti

hodina

opettajan muistikirja

třídní kniha

koe

zkouška

todistus

vysvědčení

koulupuku

školní uniforma

koulutus

vzdělání

sanakirja

encyklopedie

yliopisto

univerzita

mikroskooppi

mikroskop

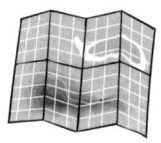

kartta

karta

roskakori

odpadkový koš na papír

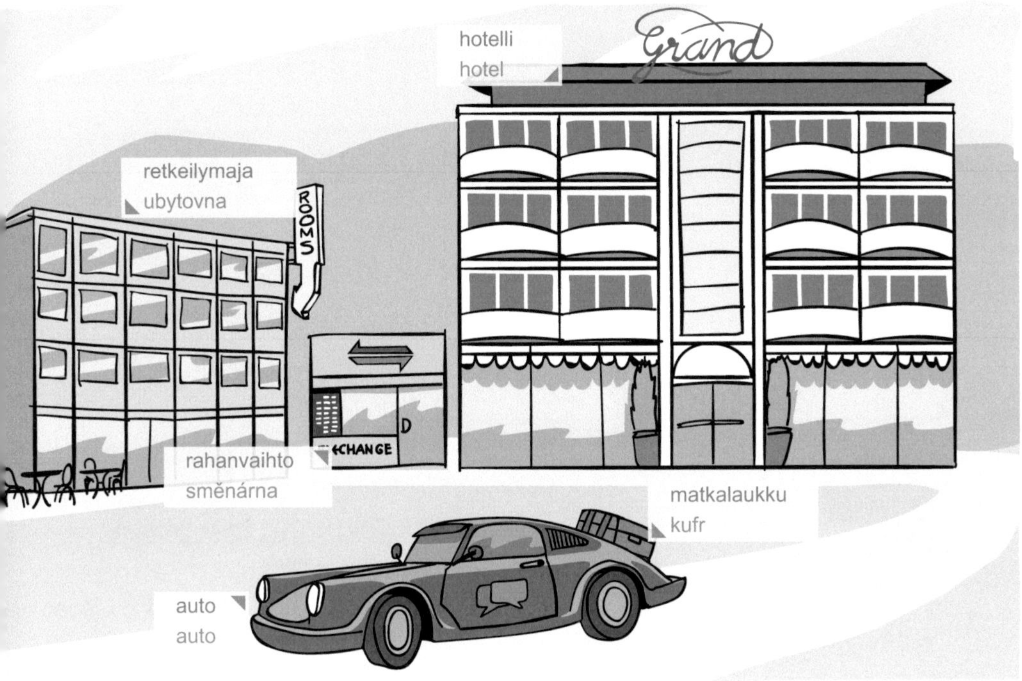

hotelli
hotel
Grand
retkeilymaja
ubytovna
ROOMS
EXCHANGE
rahanvaihto
směnárna
matkalaukku
kufr
auto
auto

kieli

jazyk

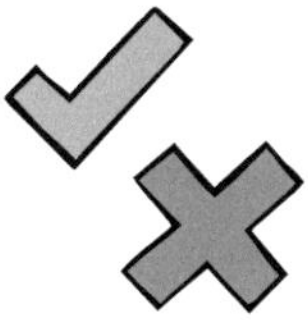

kyllä / ei

ano / ne

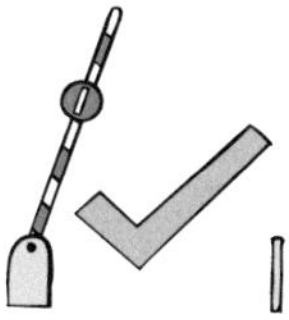

selvä

oukej

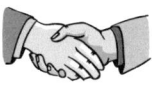

hei

Ahoj!

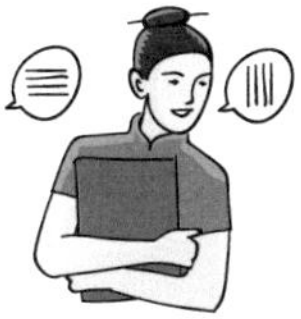

tulkki

překladatel

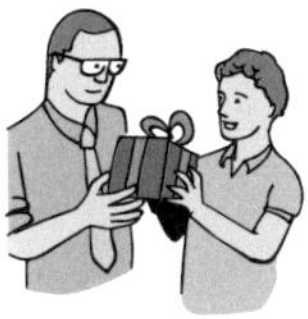

kiitos

děkuji

Paljonko...maksaa?

Kolik stojí...?

en ymmärrä

nerozumím

ongelma

problém

Hyvää iltaa!

Dobrý večer!

Hyvää huomenta!

Dobré ráno!

Hyvää yötä!

Dobrou noc!

näkemiin

na shledanou

suunta

směr

matkatavarat

zavazadlo

laukku

taška

reppu

batoh

vieras

host

huone

pokoj

makuupussi

spací pytel

teltta

stan

matka - cesta

turisti-info

turistické informace

ranta

pláž

luottokortti

kreditní karta

aamupala

snídaně

lounas

oběd

päivällinen

večeře

matkalippu

jízdenka

hissi

výtah

postimerkki

poštovní známka

raja

hranice

tulli

clo

suurlähetystö

poselství

viisumi

vízum

passi

pas

kuljetus

transport

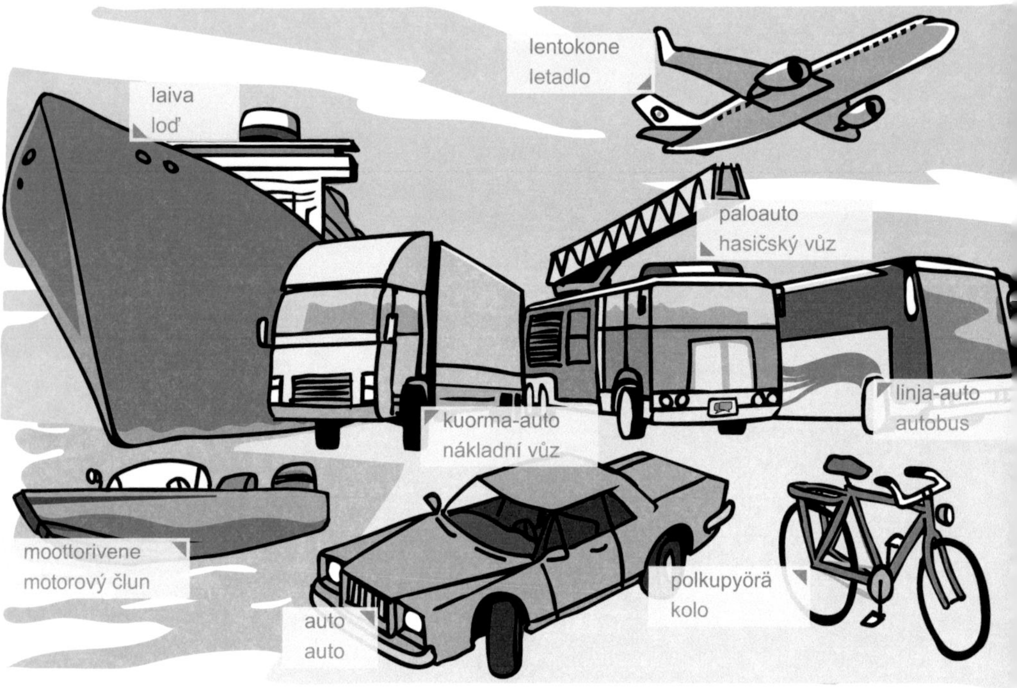

lentokone
letadlo
laiva
loď
paloauto
hasičský vůz
linja-auto
autobus
kuorma-auto
nákladní vůz
moottorivene
motorový člun
polkupyörä
kolo
auto
auto

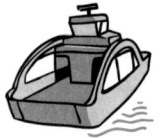

lautta

přívoz

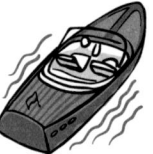

vene

člun

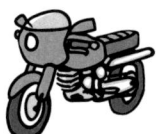

moottoripyörä

motorka

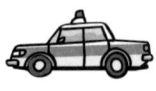

poliisiauto

policejní auto

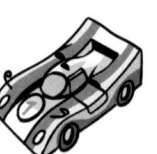

kilpa-auto

závodní auto

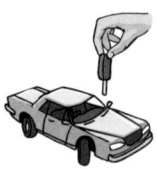

vuokra-auto

pronajaté auto

car sharing

sdílení aut

hinausauto

odtahová služba

roska-auto

popelářský vůz

moottori

motor

polttoaine

palivo

huoltoasema

čerpací stanice

liikennemerkki

dopravní značka

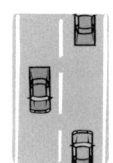

liikenne

doprava

ruuhka

dopravní zácpa

parkkipaikka

parkoviště

rautatieasema

vlakové nádraží

raiteet

koleje

juna

vlak

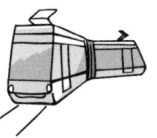

raitiovaunu

tramvaj

vaunu

vagón

helikopteri

helikoptéra

lentokenttä

letiště

lähilennonjohto

věž

matkustaja

pasažér

kontti

kontejner

pahvilaatikko

kartón

kärryt

trakař

kori

koš

nousta / laskea

vzlétnout / přistát

kaupunki
město

kylä

vesnice

keskusta

střed města

talo

dům

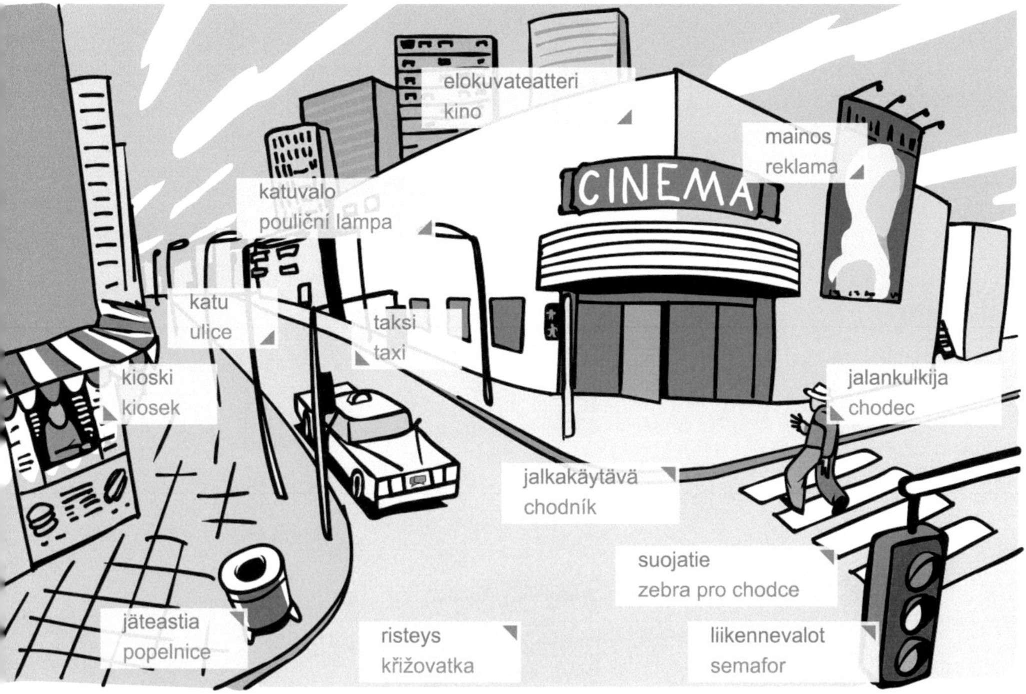

elokuvateatteri
kino
mainos
reklama
CINEMA
katuvalo
pouliční lampa
katu
ulice
taksi
taxi
kioski
kiosek
jalankulkija
chodec
jalkakäytävä
chodník
suojatie
zebra pro chodce
jäteastia
popelnice
risteys
křižovatka
liikennevalot
semafor

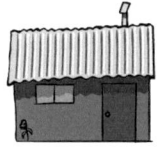

mökki

chata

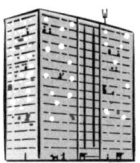

kerrostalo

byt

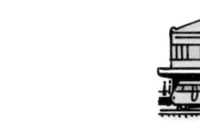

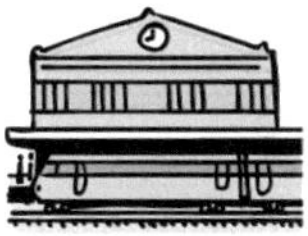

rautatieasema

vlakové nádraží

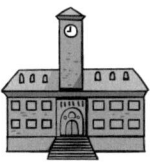

kaupungintalo

radnice

MUSEUM

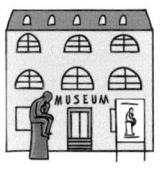

museo

muzeum

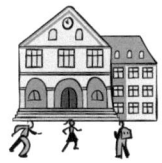

koulu

škola

yliopisto

univerzita

pankki

banka

sairaala

nemocnice

hotelli

hotel

apteekki

lékárna

toimisto

kancelář

kirjakauppa

knihkupectví

liike

obchod

kukkakauppa

květinářství

supermarketti

supermarket

tori

tržnice

tavaratalo

obchodní dům

kalakauppias

rybárna

ostoskeskus

nákupní centrum

satama

přístav

puisto

park

penkki

lavička

silta

most

portaat

schody

metro

metro

tunneli

tunel

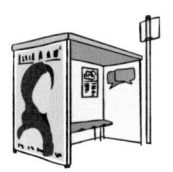

linja-autopysäkki

autobusová zastávka

baari

bar

ravintola

restaurace

postilaatikko

poštovní schránka

katukyltti

pouliční tabule

parkkimittari

parkovací hodiny

eläintarha

zoo

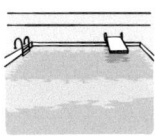

uimala

plovárna

moskeija

mešita

maatila

usedlost

ympäristön saastuminen

znečišťování životního prostředí

hautausmaa

hřbitov

kirkko

církev

leikkikenttä

hřiště

temppeli

chrám

maisema
krajina

lehti
list

tienviitta
rozcestník

tie
cesta

niitty
louka

kivi
kámen

retkeilijä
turista

puu
strom

joki
řeka

ruoho
tráva

kukka
květina

laakso

údolí

vuori

hora

järvi

jezero

metsä

les

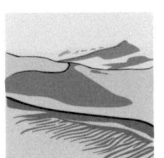

aavikko

poušť

tulivuori

sopka

linna

zámek

sateenkaari

duha

sieni

houba

palmu

palma

hyttynen

komár

kärpänen

moucha

muurahainen

mravenec

mehiläinen

včela

hämähäkki

pavouk

maisema - krajina

kovakuoriainen

brouk

sammakko

žába

orava

veverka

siili

ježek

jänis

zajíc

pöllö

sova

lintu

pták

joutsen

labuť

villisika

divoké prase

peura

jelen

hirvi

los

pato

přehrada

tuulimylly

větrné kolo

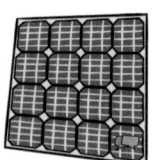

aurinkopaneeli

solární panel

ilmasto

podnebí

ravintola
restaurace

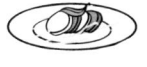

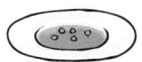

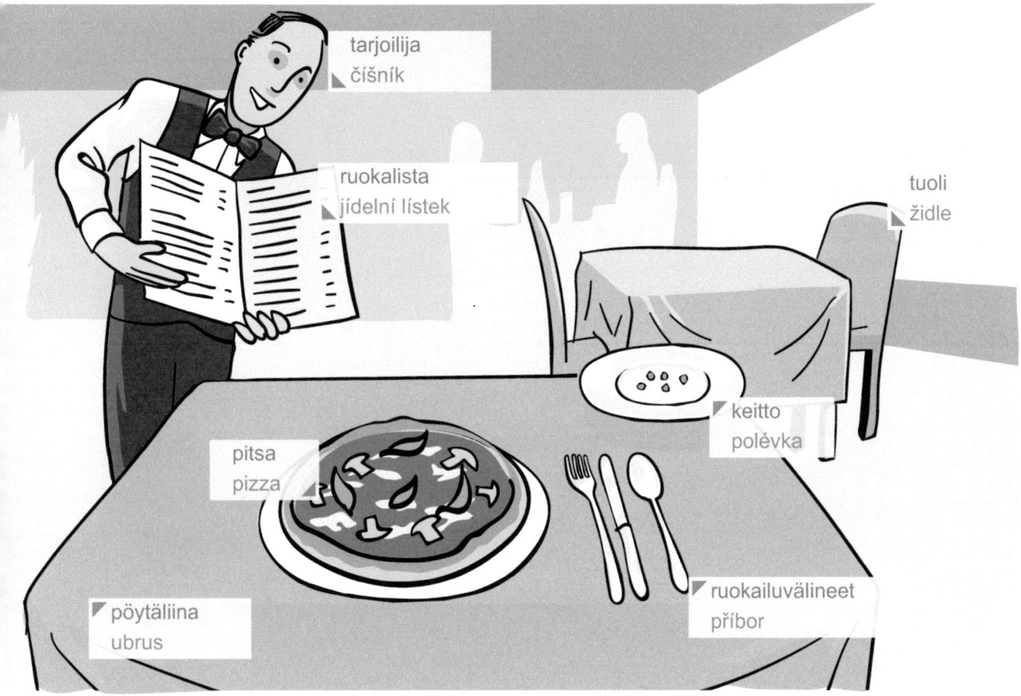
tarjoilija
číšník
ruokalista
jídelní lístek
tuoli
židle
keitto
polévka
pitsa
pizza
ruokailuvälineet
příbor
pöytäliina
ubrus

alkuruoka

předkrm

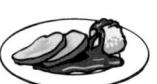

pääruoka

hlavní chod

jälkiruoka

dezert

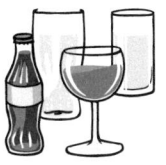

juomat

nápoje

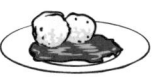

ruoka

jídlo

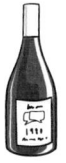

pullo

láhev

pikaruoka

rychlé občerstvení

katuruoka

pouliční občerstvení

teekannu

čajová konvice

sokeriastia

cukřenka

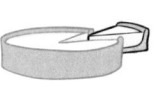

annos

porce

espressokeitin

kávovar na espresso

syöttötuoli

dětská stolička

lasku

faktura

tarjotin

tác

veitsi

nůž

haarukka

vidlička

lusikka

lžíce

teelusikka

čajová lyžička

servietti

ubrousek

lasi

sklenička

lautanen

talíř

syvä lautanen

talíř na polévku

aluslautanen

podšálek

kastike

omáčka

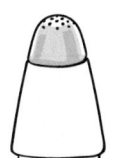

suolasirotin

slánka

pippurimylly

mlýnek na pepř

etikka

ocet

öljy

olej

mausteet

koření

ketsuppi

kečup

sinappi

hořčice

majoneesi

majonéza

supermarketti

supermarket

tarjous
nabídka
FOR
asiakas
zákazník
maitotuotteet
mléčné výrobky
hedelmät
ovoce
ostoskärryt
nákupní vozík

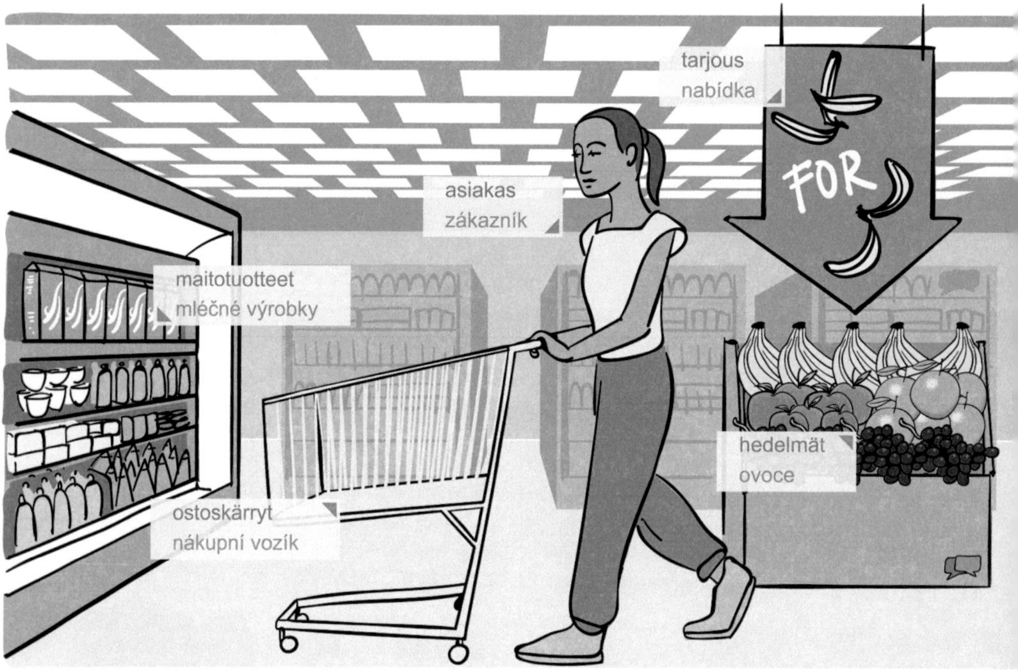

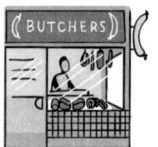

BUTCHERS

teurastamo

masna

BAKERY

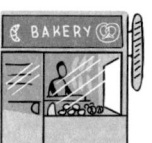

leipomo

pekařství

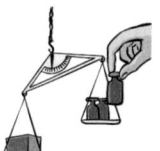

punnita

vážit

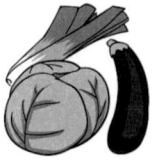

kasvikset

zelenina

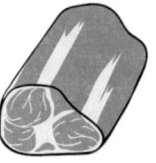

liha

maso

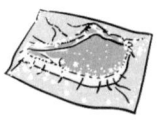

pakasteet

mražené potraviny

leikkele

obložený talíř

säilykkeet

konzervy

pesujauhe

prací prášek

makeiset

cukrovinky

kotitaloustarvikkeet

výrobky pro domácnost

puhdistusaineet

čisticí prostředek

myyjä

prodavačka

kassa

pokladna

kassanhoitaja

pokladní

ostoslista

nákupní seznam

aukioloajat

otevírací doba

lompakko

peněženka

luottokortti

kreditní karta

kassi

taška

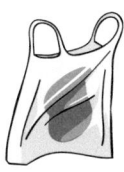

muovipussi

igelitová taška

vesi
voda

mehu
džus

maito
mléko

kokis
kola

viini
víno

olut
pivo

alkoholi
alkohol

kaakao
kakao

tee
čaj

kahvi
káva

espresso
espresso

cappuccino
kapučíno

banaani

banán

omena

jablko

appelsiini

pomeranč

meloni

meloun

sitruuna

citrón

porkkana

mrkev

valkosipuli

česnek

bambu

bambus

sipuli

cibule

sieni

houba

pähkinät

ořechy

spagetti

těstoviny

spagetti

špageti

riisi

rýže

salaatti

salát

ranskalaiset

hranolky

paistetut perunat

americké brambory

pitsa

pizza

hampurilainen

hamburger

voileipä

sendvič

leike

řízek

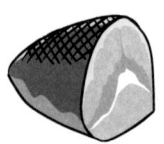

kinkku

šunka

salami

salám

makkara

salám

kana

kuře

paisti

pečeně

kala

ryby

kaurahiutaleet

ovesné vločky

mysli

müsli

murot

vločky

jauho

mouka

voisarvi

croissant

sämpylä

houska

leipä

chléb

paahtoleipä

toast

keksit

sušenky

voi

máslo

rahka

tvaroh

kakku

buchta

kananmuna

vejce

paistettu kananmuna

volské oko

juusto

sýr

jäätelö
....
zmrzlina

sokeri
....
cukr

hunaja
....
med

hillo
....
marmeláda

suklaapähkinälevite
....
nugátový krém

curry
....
kari

maatila
usedlost

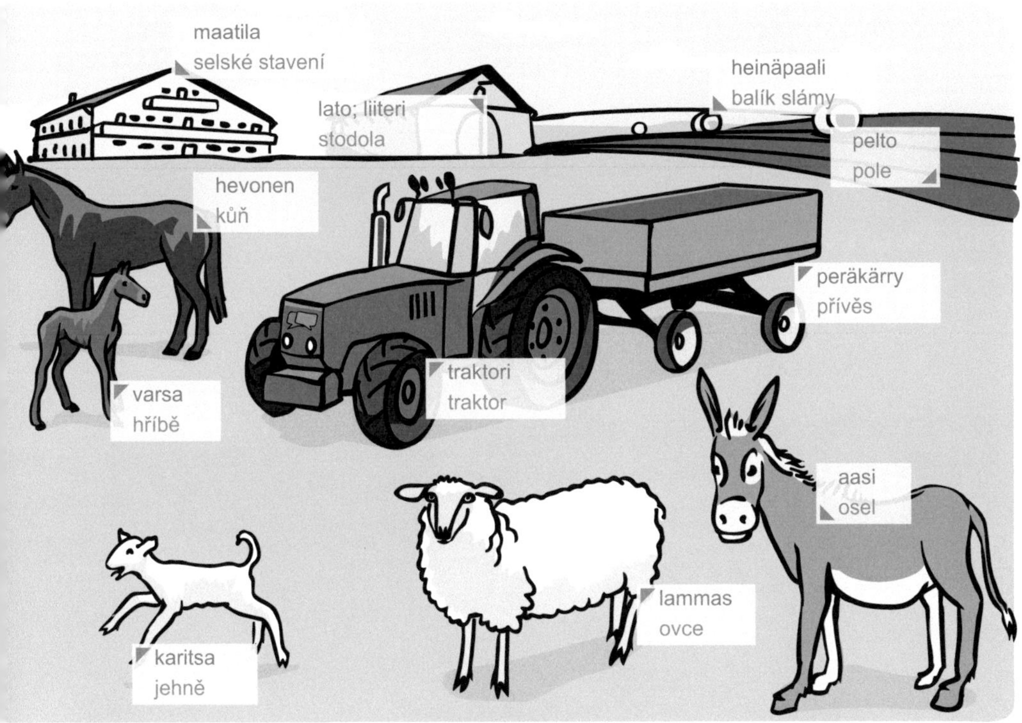
maatila
selské stavení
lato; liiteri
stodola
heinäpaali
balík slámy
pelto
pole
hevonen
kůň
peräkärry
přívěs
varsa
hříbě
traktori
traktor
aasi
osel
lammas
ovce
karitsa
jehně

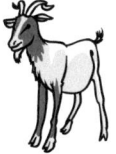

vuohi

koza

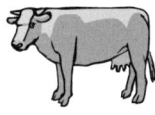

lehmä

kráva

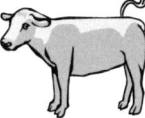

vasikka

tele

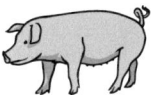

sika

prase

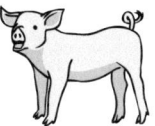

porsas

sele

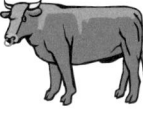

sonni

býk

hanhi

husa

ankka

kachna

tipu

kuře

kana

slepice

kukko

kohout

rotta

krysa

kissa

kočka

hiiri

myš

härkä

vůl

koira

pes

koirankoppi

psí bouda

puutarhaletku

zahradní hadice

kastelukannu

kropicí konev

viikate

kosa

aura

pluh

sirppi

srp

kuokka

motyka

talikko

vidle

kirves

sekera

kottikärryt

kolecko

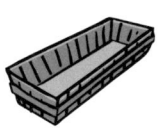

kaukalo

koryto

maitokannu

konev na mléko

säkki

pytel

aita

plot

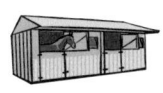

talli

stáj

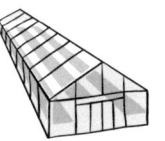

kasvihuone

skleník

maa

půda

siemen

osivo

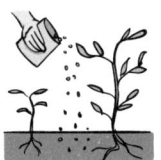

lannoite

hnojivo

leikkuupuimuri

kombajn

kerätä sato

sklidit

sato

sklizeň

jamssit

smldinec

vehnä

pšenice

soija

sója

peruna

brambora

maissi

kukuřice

rypsi

řepka

hedelmäpuu

ovocný strom

maniokki

maniok

vilja

obilí

talo
dům

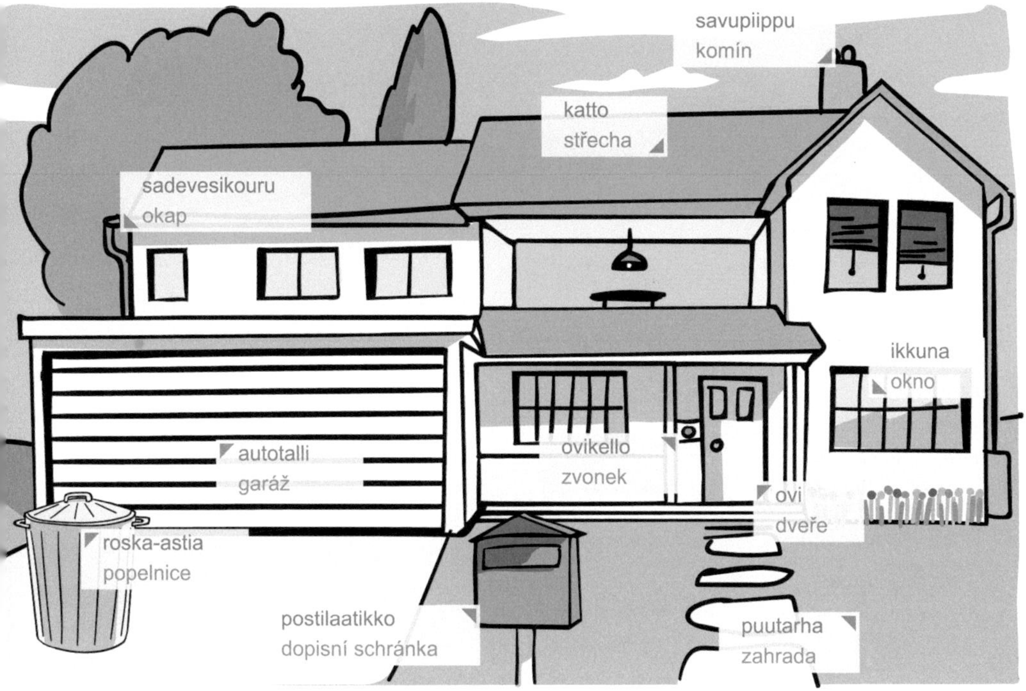
savupiippu
komín
katto
střecha
sadevesikouru
okap
ikkuna
okno
autotalli
garáž
ovikello
zvonek
ovi
dveře
roska-astia
popelnice
postilaatikko
dopisní schránka
puutarha
zahrada

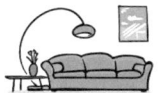

olohuone

obývací pokoj

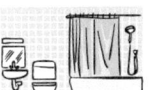

kylpyhuone

koupelna

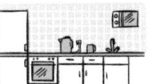

keittiö

kuchyně

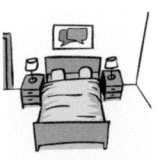

makuuhuone

ložnice

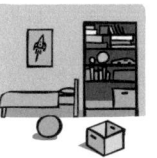

lastenhuone

dětský pokoj

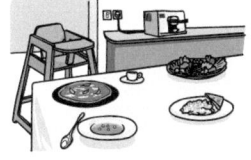

ruokahuone

jídelna

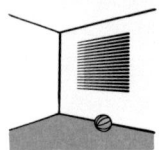

lattia

podlaha

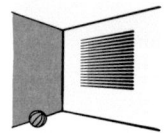

seinä

zeď

katto

deka

kellari

sklep

sauna

sauna

parveke

balkón

terassi

terasa

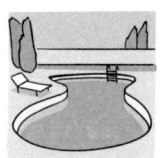

uima-allas

bazén

ruohonleikkuri

sekačka na trávu

lakana

ložní prádlo

päiväpeitto

lůžková přikrývka

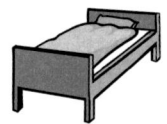

sänky

postel

harja

smeták

ämpäri

kýbl

katkaisin

vypínač

olohuone
obývací pokoj

tapetti
tapeta
kuva
obrázek
lamppu
žárovka
hylly
police
kaappi
skříň
televisio
televizor
takka
komín
kukka
květina
tyyny
polštář
sohva
gauč
maljakko
váza
kaukosäädin
dálkový ovladač

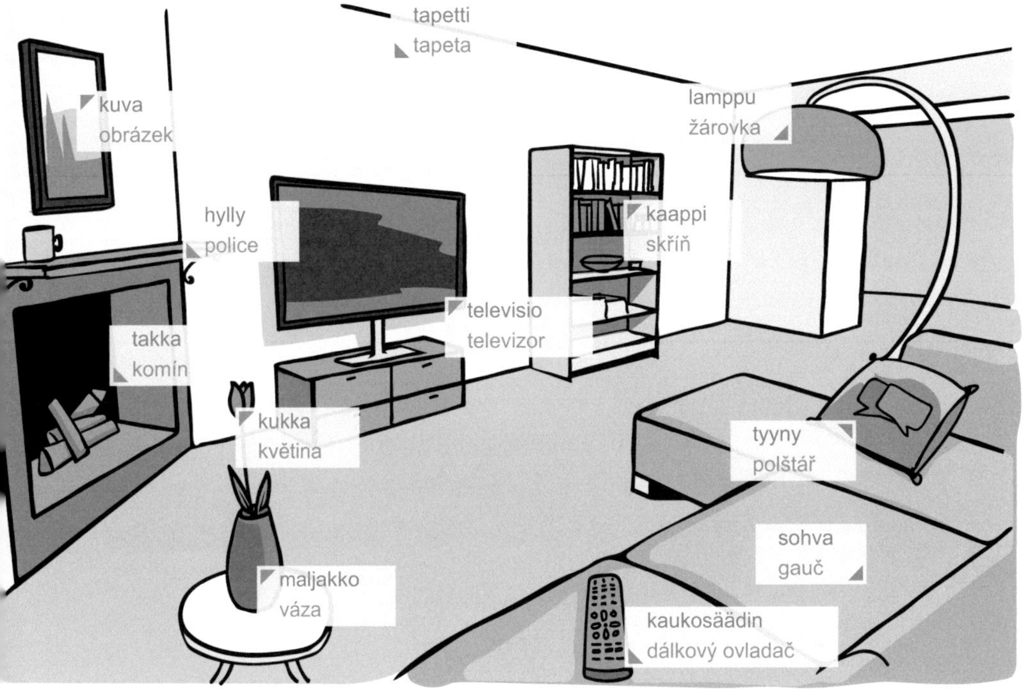

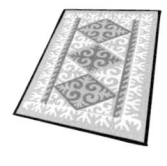

matto

koberec

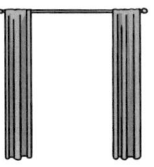

verho

závěs

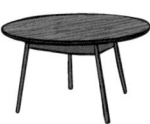

pöytä

stůl

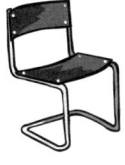

tuoli

židle

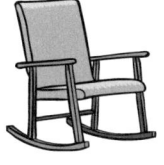

keinutuoli

houpací křeslo

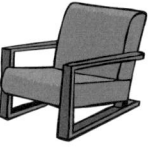

nojatuoli

křeslo

kirja

kniha

peitto

strop

koriste

ozdoba

polttopuut

palivové dříví

elokuva

film

stereot

stereo souprava

avain

klíč

sanomalehti

noviny

maalaus

malba

juliste

plakát

radio

rádio

muistivihko

poznámkový blok

pölynimuri

vysavač

kaktus

kaktus

kynttilä

svíce

keittiö
kuchyně

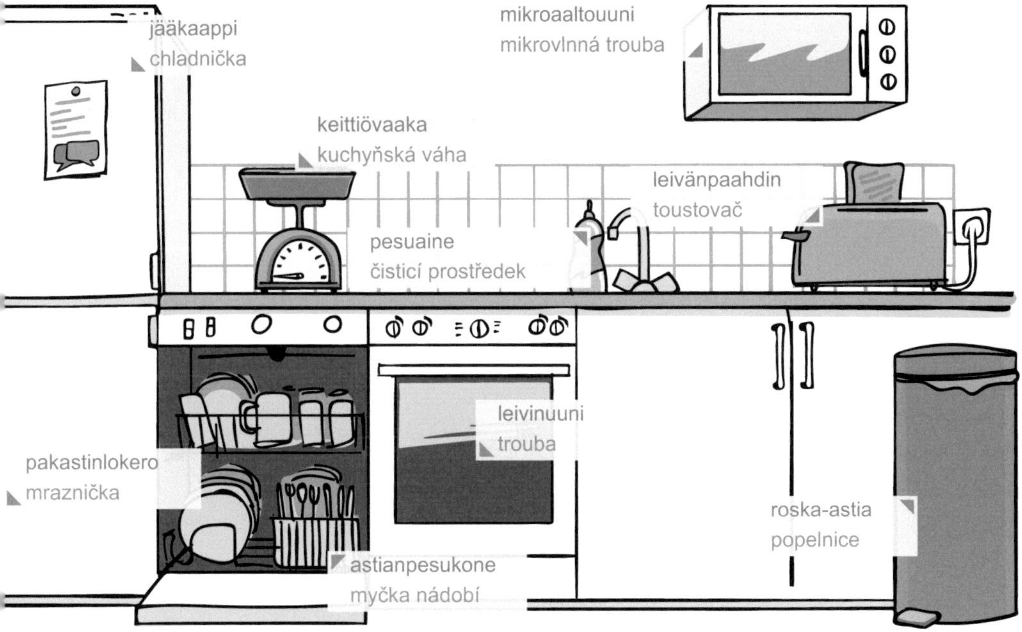

jääkaappi
chladnička
mikroaaltouuni
mikrovlnná trouba
keittiövaaka
kuchyňská váha
leivänpaahdin
toustovač
pesuaine
čisticí prostředek
leivinuuni
trouba
pakastinlokero
mraznička
roska-astia
popelnice
astianpesukone
myčka nádobí

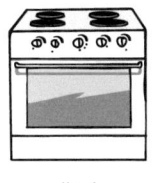

liesi

sporák

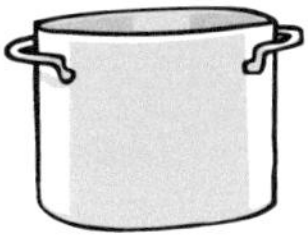
kattila

hrnec

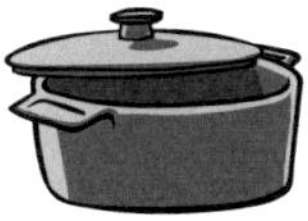
rautapata

litinový hrnec

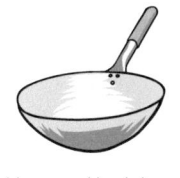

vokkipannu / kadai-pannu

wok / kadai

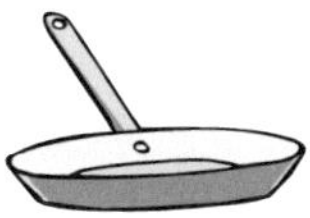
paistinpannu

pánev

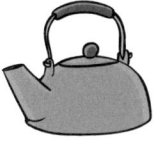

teepannu

varná konvice

höyrykeitin

parní hrnec

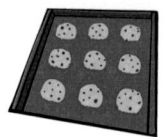

uunipelti

plech na pečení

astiat

nádobí

muki

hrnek

kulho

miska

syömäpuikot

jídelní hůlky

kauha

naběračka

paistinlasta

obracečka

vispilä

metla

siivilä

síto

siivilä

cedník

raastin

struhadlo

mortteli

hmoždíř

grilli

gril

avotuli

ohniště

leikkuulauta

prkénko na krájení

kaulin

váleček na těsto

korkinavaaja

vývrtka

purkki

dóza

purkinavaaja

otvírák na konzervy

pannulappu

chňapka

lavuaari

umyvadlo

tiskiharja

kartáč na nádobí

pesusieni

houba

tehosekoitin

mixér

pakastin

mrazák

tuttipullo

dětská lahev

vesihana

kohoutek

kylpyhuone
koupelna

lämmitys
topení
suihku
sprcha
pyyhe
ručník
suihkuverho
sprchový závěs
vaahtokylpy
pěnová koupel
kylpyamme
vana
lasi
sklenička
pesukone
pračka
vesihana
kohoutek
kaakelit
obkladačky
potta
nočník
lavuaari
umyvadlo

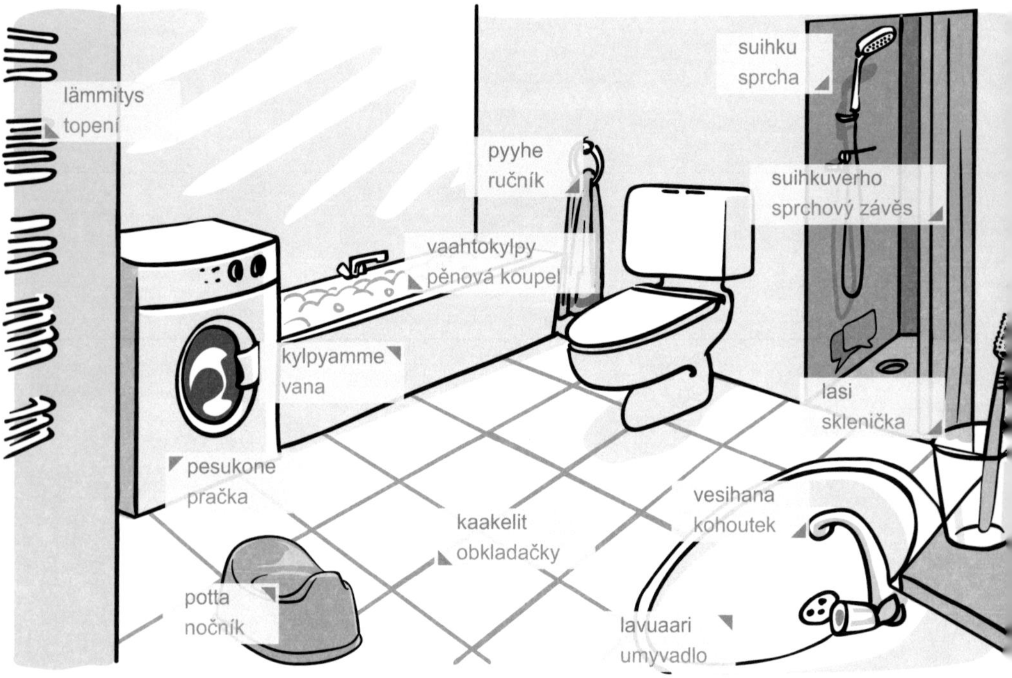

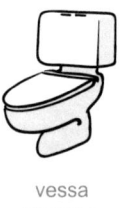

vessa

záchod

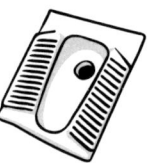

kyykkyvessa

turecký záchod

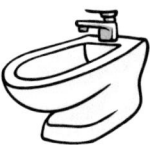

bidee

bidet

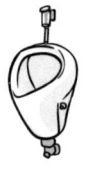

pisuaari

pisoár

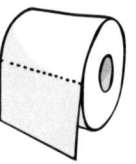

vessapaperi

toaletní papír

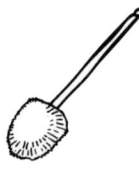

vessaharja

záchodová štětka

hammasharja
zubní kartáček

hammastahna
zubní pasta

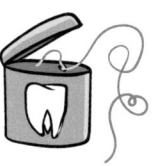

hammaslanka
zubní niť

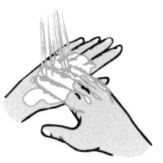

pestä
mýt

käsisuihku
ruční sprcha

intiimisuihku
intimní sprcha

pesuvati
umyvadlo

selkäharja
kartáč na záda

saippua
mýdlo

suihkugeeli
sprchový gel

shampoo
šampón

pesulappu
žínka

viemäri
odpad

voide
krém

deodorantti
deodorant

peili

zrcadlo

käsipeili

kosmetické zrcátko

partaveitsi

holicí strojek

partavaahto

pěna na holení

partavesi

voda po holení

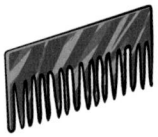

kampa

hřeben

harja

kartáč

hiustenkuivaaja

fén

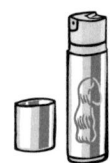

hiuslakka

lak na vlasy

meikki

makeup

huulipuna

rtěnka

kynsilakka

lak na nehty

pumpuli

vata

kynsisakset

nůžky na nehty

hajuvesi

parfém

kosmetiikkalaukku

ška s toaletními potřebami

jakkara

stolička

vaaka

váha

kylpytakki

župan

kumihansikkaat

gumové rukavice

tamponi

tampón

terveysside

dámská vložka

kemiallinen wc

chemická toaleta

lastenhuone
dětský pokoj

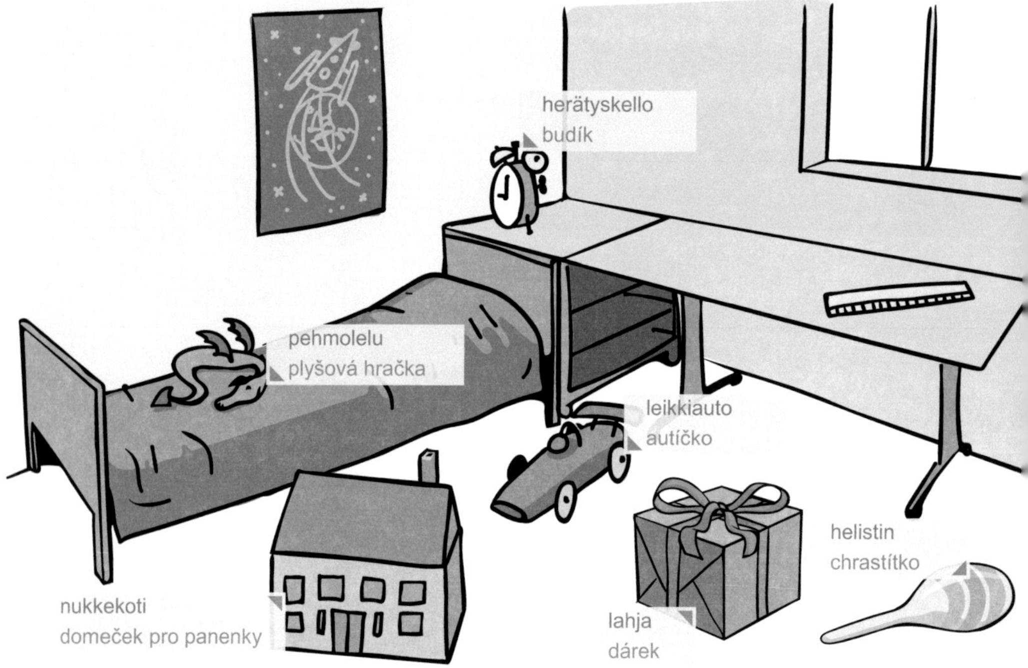
herätyskello
budík
pehmolelu
plyšová hračka
leikkiauto
autíčko
helistin
chrastítko
nukkekoti
domeček pro panenky
lahja
dárek

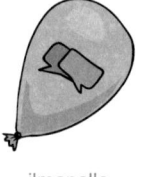

ilmapallo

balón

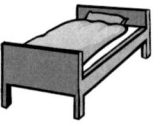

sänky

postel

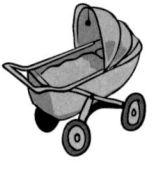

lastenvaunut

kočárek

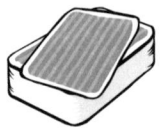

korttipeli

balíček karet

palapeli

puzzle

SUPER
MEGA

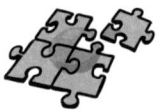

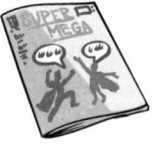

sarjakuva

komiks

legopalikat

lego kostky

rakennuspalikat

stavebnice

supersankari

akční figurka

potkupuku

dupačky

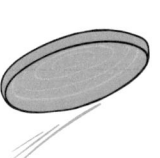

frisbee

frisbee

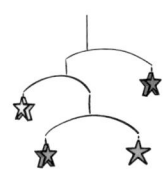

mobile

závěsné hračky nad postýlku

lautapeli

desková hra

noppa

kostky

pienoisjunarata

modelová železnice

tutti

dudlík

juhlat

oslava

kuvakirja

obrázková kniha

pallo

míč

nukke

panenka

leikkiä

hrát si

hiekkalaatikko

pískoviště

keinu

houpačka

lelut

hračky

pelikonsoli

hrací konzole

kolmipyörä

tříkolka

nalle

medvídek

vaatekaappi

šatník

vaatteet
oblečení

sukat

ponožky

nylonsukat

punčochy

sukkahousut

punčochové kalhoty

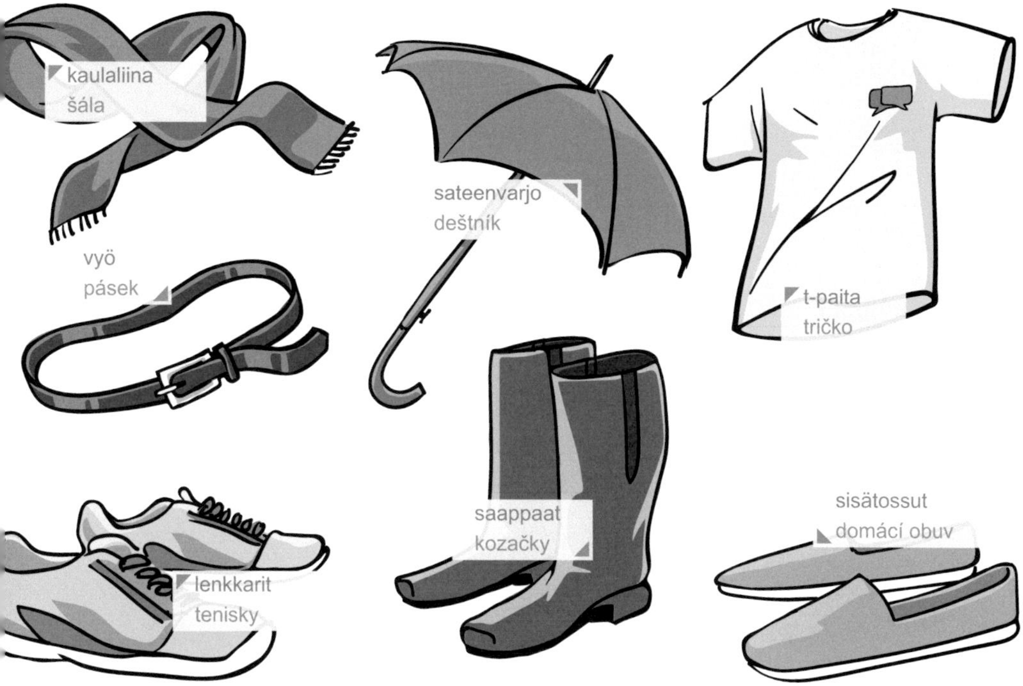

kaulaliina
šála

sateenvarjo
deštník

vyö
pásek

t-paita
tričko

lenkkarit
tenisky

saappaat
kozačky

sisätossut
domácí obuv

sandaalit
·················
sandály

kengät
·················
obuv

kumisaappaat
·················
holínky

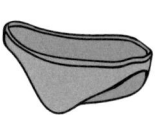

alushousut
·················
spodní prádlo

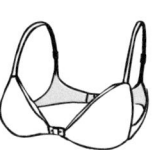

rintaliivit
·················
podprsenka

aluspaita
·················
nátělník

body

body

housut

kalhoty

farkut

džíny

hame

sukně

pusero

blůza

paita

košile

villapaita

svetr

collegepaita

mikina

jakku

blejzr

takki

bunda

takki

kabát

sadetakki

pláštěnka

puku

kostým

mekko

šaty

hääpuku

svatební šaty

puku
oblek

yöpaita
noční košile

pyjama
pyžamo

shari
sárí

päähuivi
šátek na hlavu

turbaani
turban

burka
burka

kaftaani
kaftan

abaya
abája

uimapuku
plavky

uimahousut
pánské plavky

shortsit
kraťasy

verkkarit
tepláková souprava

esiliina
zástěra

käsineet
rukavice

nappi

knoflík

silmälasit

brýle

rannekoru

náramek

kaulakoru

náhrdelník

sormus

prsten

korvakoru

náušnice

lippalakki

čepice

ripustin

ramínko

hattu

klobouk

solmio

kravata

vetoketju

zip

kypärä

helma

henkselit

kšandy

koulupuku

školní uniforma

univormu

uniforma

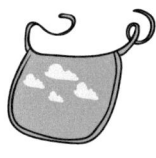

ruokalappu

bryndák

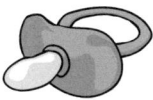

tutti

dudlík

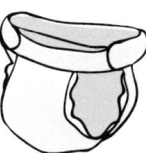

vaippa

plena

toimisto
kancelář

palvelin
server
asiakirjakaappi
kartotéka
tulostin
tiskárna
paperi
papír
näyttö
monitor
kirjoituspöytä
psací stůl
hiiri
myš
kansio
šanon
näppäimistö
klávesnice
roskakori
odpadkový koš na papír
tietokone
počítač
tuoli
židle

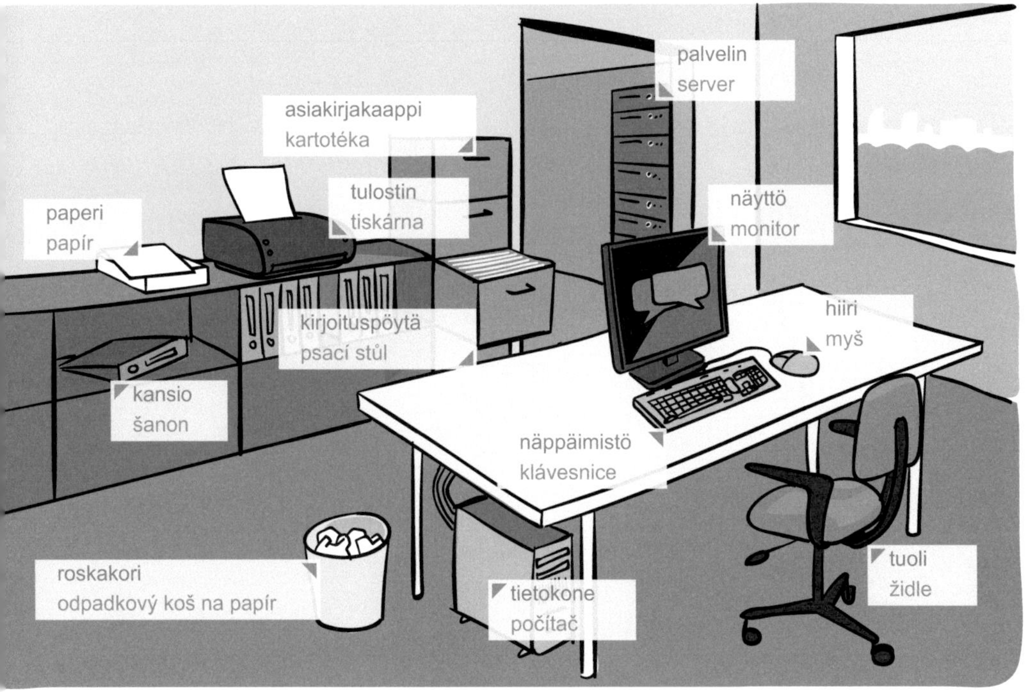

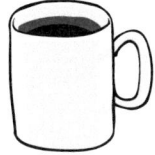

kahvimuki

hrnek na kávu

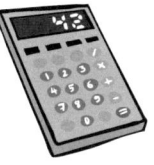

taskulaskin

kalkulačka

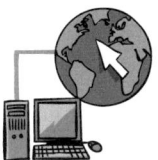

internet

internet

kannettava tietokone	kirje	viesti
notebook	dopis	zpráva

kännykkä	verkko	kopiokone
mobil	síť	kopírka

ohjelmisto	puhelin	pistorasia
software	telefon	zásuvka
	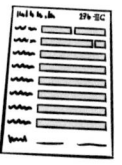	
faksi	lomake	asiakirja
fax	formulář	dokument

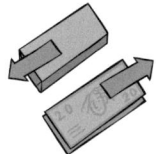

ostaa

nakupovat

maksaa

zaplatit

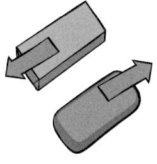

vaihtaa

jednat

raha

peníze

USD

dollari

dolar

EUR

euro

euro

JPY

jeni

jen

RUB

rupla

rubl

CHF

frangi

frank

CNY

renminbi juan

juan

INR

rupia

rupie

pankkiautomaatti

bankomat

rahanvaihto

směnárna

kulta

zlato

hopea

stříbro

öljy

olej

energia

energie

hinta

cena

sopimus

smlouva

vero

daň

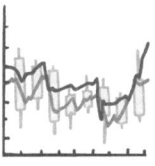

osake

akcie

työskennellä

pracovat

työntekijä

zaměstnanec

työnantaja

zaměstnavatel

tehdas

továrna

liike

obchod

ammatit
povolání

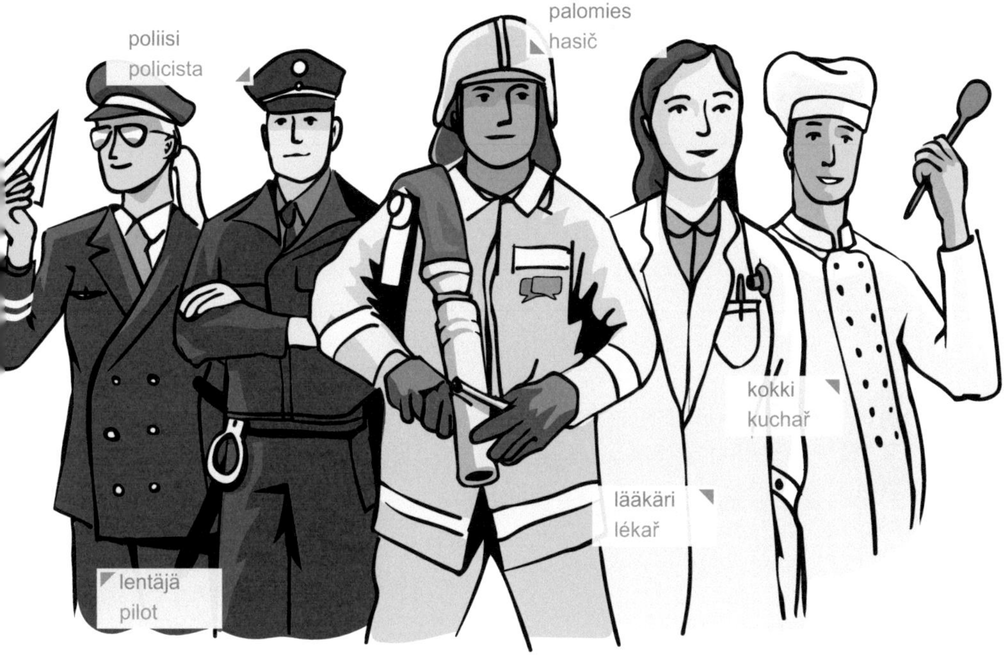
palomies
hasič
poliisi
policista
kokki
kuchař
lääkäri
lékař
lentäjä
pilot

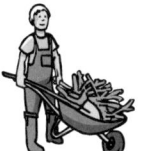

puutarhuri

zahradník

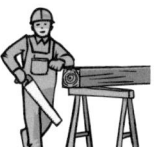

puuseppä

truhlář

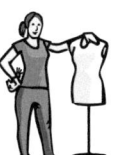

ompelija

švadlena

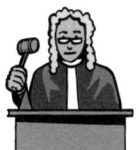

tuomari

soudce

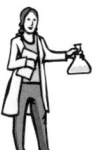

kemisti

chemik

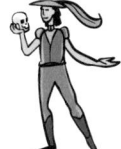

näyttelijä

herec

linja-autonkuljettaja

řidič autobusu

taksinkuljettaja

řidič taxi

kalastaja

rybář

siivooja

uklízečka

katontekijä

pokrývač

tarjoilija

číšník

metsästäjä

myslivec

maalari

malíř

leipuri

pekař

sähköasentaja

elektrikář

rakentaja

stavební dělník

insinööri

inženýr

teurastaja

řezník

putkiasentaja

klempíř

postinjakaja

listonoš

ammatit - povolání

sotilas

voják

arkkitehti

architekt

kassanhoitaja

pokladní

floristi

florista

kampaaja

kadeřník

konduktööri

průvodčí

mekaanikko

mechanik

kapteeni

kapitán

hammaslääkäri

zubař

tiedemies

vědec

rabbi

rabín

imaami

imám

munkki

mnich

pappi

duchovní

työkalut
nářadí

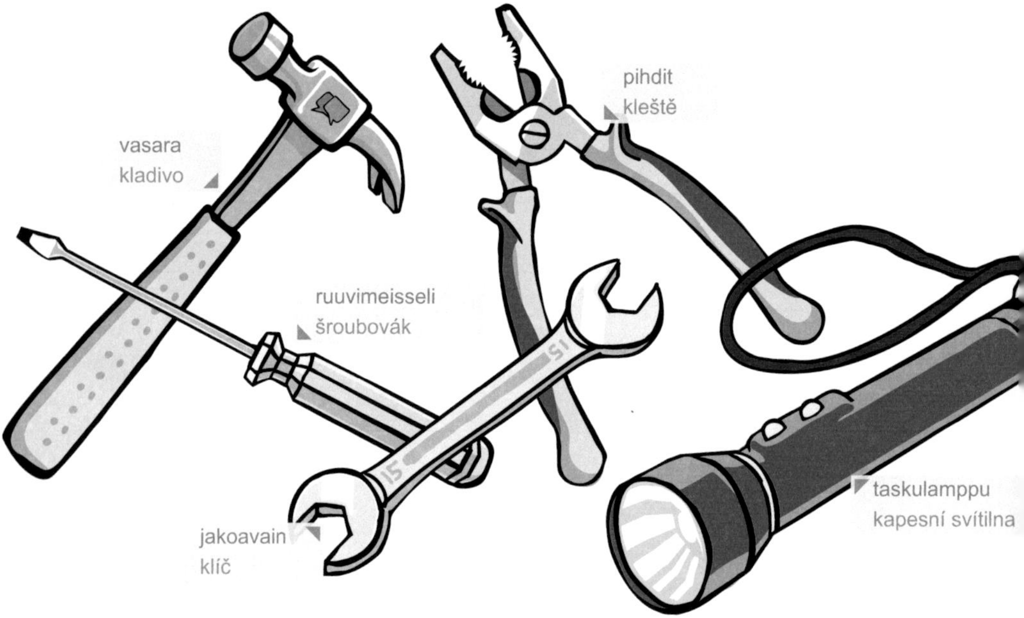
pihdit
kleště
vasara
kladivo
ruuvimeisseli
šroubovák
taskulamppu
kapesní svítilna
jakoavain
klíč

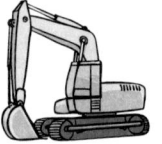

kaivinkone

bagr

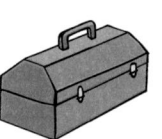

työkalupakki

skříň na nářadí

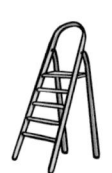

tikkaat

žebřík

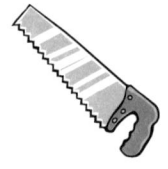

saha

pila

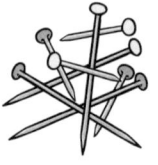

naulat

hřebíky

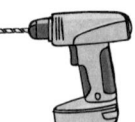

pora

vrtačka

korjata

opravit

lapio

lopata

Hitto!

Kurva!

rikkalapio

lopatka

maalipurkki

vědroé na barvu

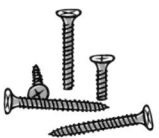

ruuvit

šrouby

soittimet

hudební nástroje

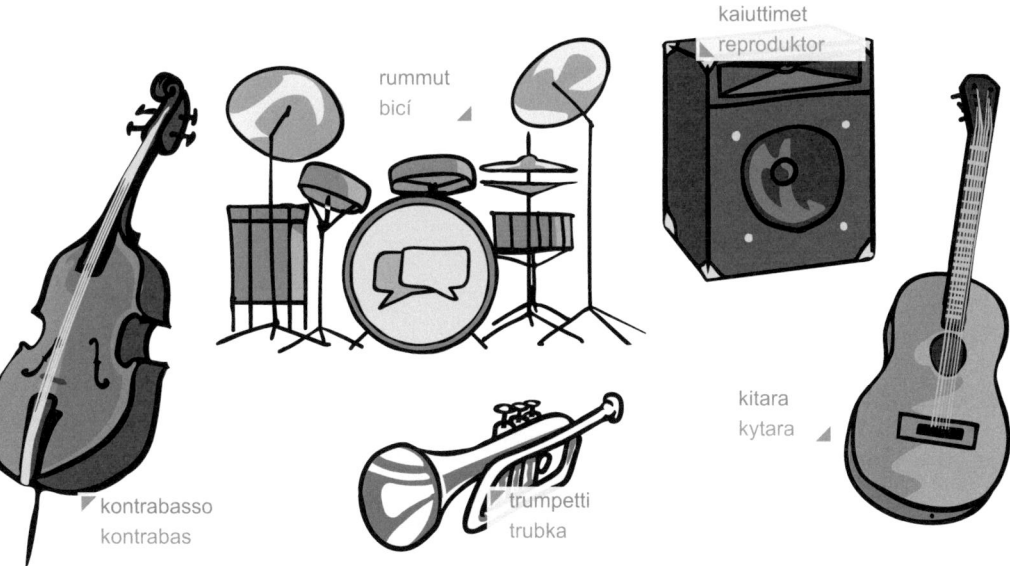

kaiuttimet
reproduktor

rummut
bicí ◢

kontrabasso
kontrabas

trumpetti
trubka

kitara
kytara ◢

piano

klavír

viulu

housle

basso

basa

patarummut

tympán

rumpu

bubny

kosketinsoitin

keyboard

saksofoni

saxofon

huilu

flétna

mikrofoni

mikrofon

eläintarha

zoo

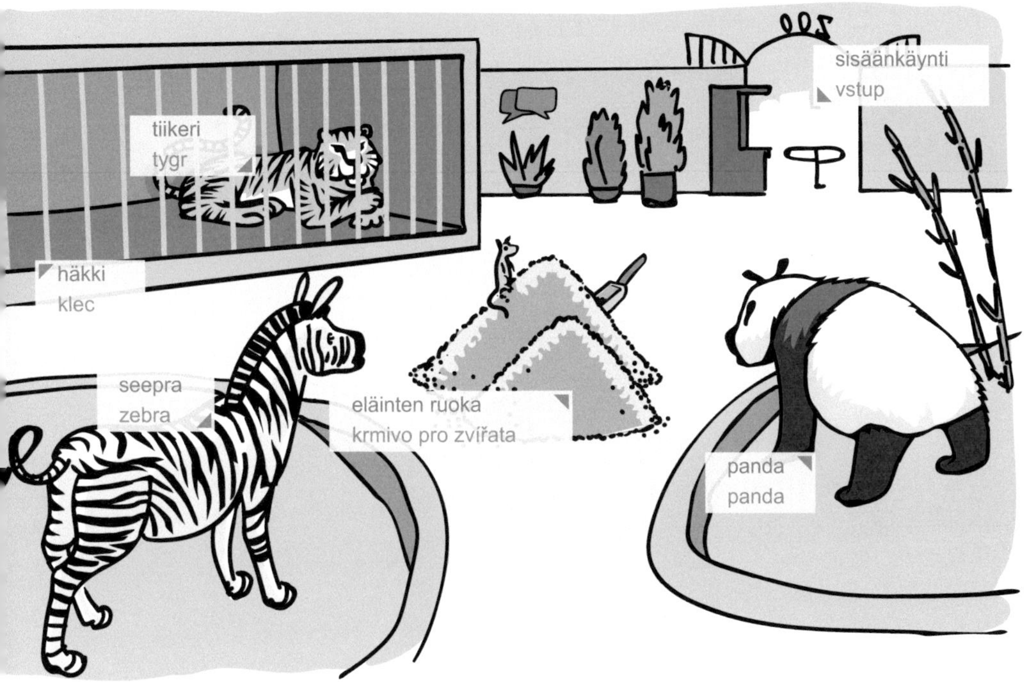

sisäänkäynti
vstup
tiikeri
tygr
häkki
klec
seepra
zebra
eläinten ruoka
krmivo pro zvířata
panda
panda

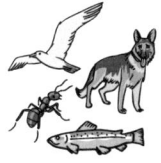

eläimet

zvířata

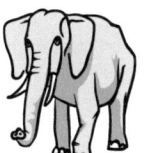

norsu

slon

kenguru

klokan

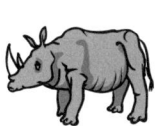

sarvikuono

nosorožec

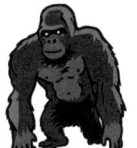

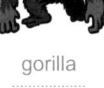

gorilla

gorila

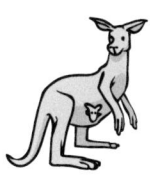

karhu

medvěd

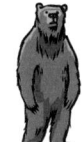

kameli

velbloud

strutsi

pštros

leijona

lev

apina

opice

flamingo

plameňák

papukaija

papoušek

jääkarhu

lední medvěd

pingviini

tučňák

hai

žralok

riikinkukko

páv

käärme

had

krokotiili

krokodýl

eläintarhanhoitaja

ošetřovatel zvířat

hylje

tuleň

jaguaari

jaguár

poni

poník

leopardi

leopard

virtahepo

hroch

kirahvi

žirafa

kotka

orel

villisika

divoké prase

kala

ryby

kilpikonna

želva

mursu

mrož

kettu

liška

gaselli

gazela

amerikkalainen jalkapallo
americký fotbal

pyöräily
cyklistika

tennis
tenis

koripallo
košíková

uinti
plavání

nyrkkeily
box

jääkiekko
lední hokej

jalkapallo
kopaná

sulkapallo
badminton

yleisurheilu
lehká atletika

käsipallo
házená

hiihto
běh na lyžích

poolo
vodní pólo

aktiviteetit
aktivity

nauraa
smát se
hypätä
skočit
halata
objímat
kävellä
jít
laulaa
zpívat
unelmoida
snít
rukoilla
modlit se
suudella
políbit

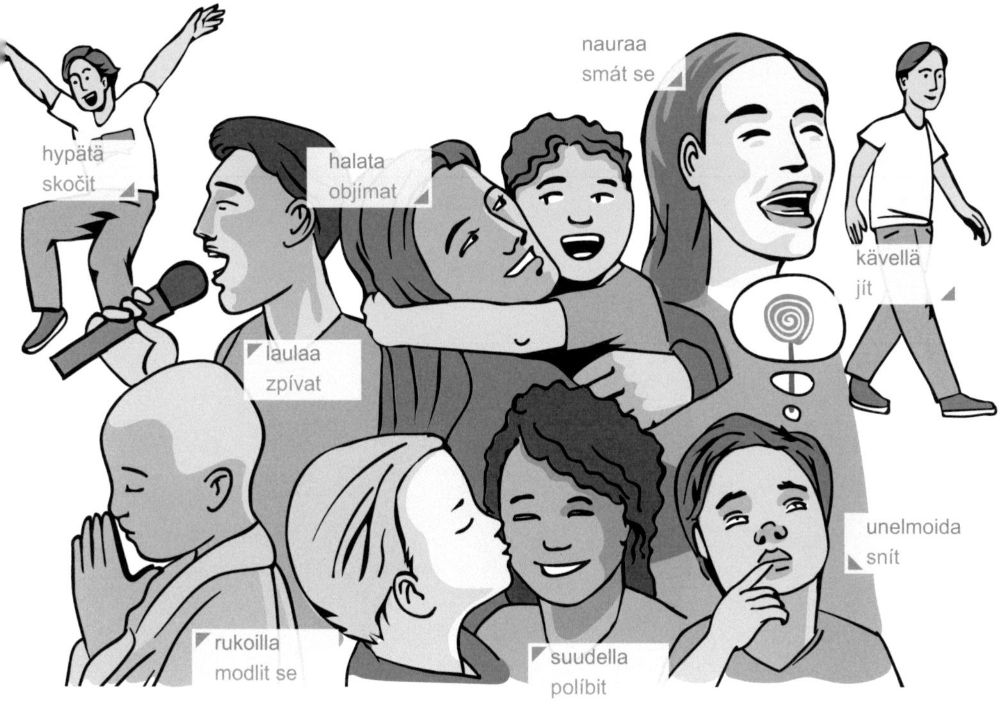

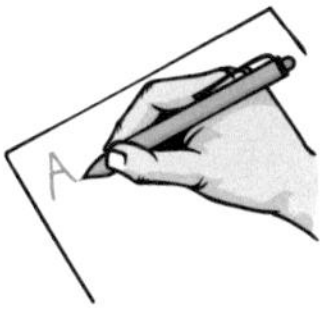

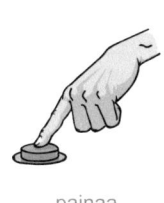

kirjoittaa

psát

piirtää

kreslit

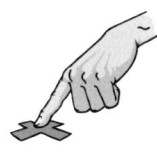

näyttää

ukazovat

painaa

tlačit

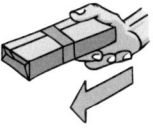

antaa

dát

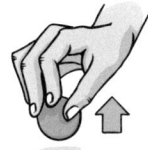

ottaa

vzít si

omistaa

mít

tehdä

dělat

olla

být

seisoa

stát

juosta

běhat

vetää

táhnout

heittää

hodit

kaatua

padat

maata

ležet

odottaa

čekat

kantaa

nosit

istua

sedět

pukeutua

oblékat

nukkua

spát

herätä

vzbudit se

katsoa

prohlédnout si

itkeä

plakat

silittää

pohladit

kammata

česat

puhua

hovořit

ymmärtää

rozumět

kysyä

ptát se

kuunnella

slyšet

juoda

pít

syödä

jíst

siivota

uklidit

rakastaa

milovat

keittää

vařit

ajaa

jet

lentää

letět

purjehtia

plachtit

laskea

počítat

lukea

číst

oppia

učit se

työskennellä

pracovat

mennä naimisiin

vzít si

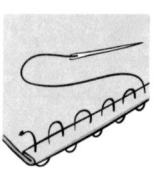

ommella

šít

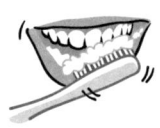

pestä hampaat

čistit si zuby

tappaa

zabít

tupakoida

kouřit

lähettää

poslat

perhe
rodina

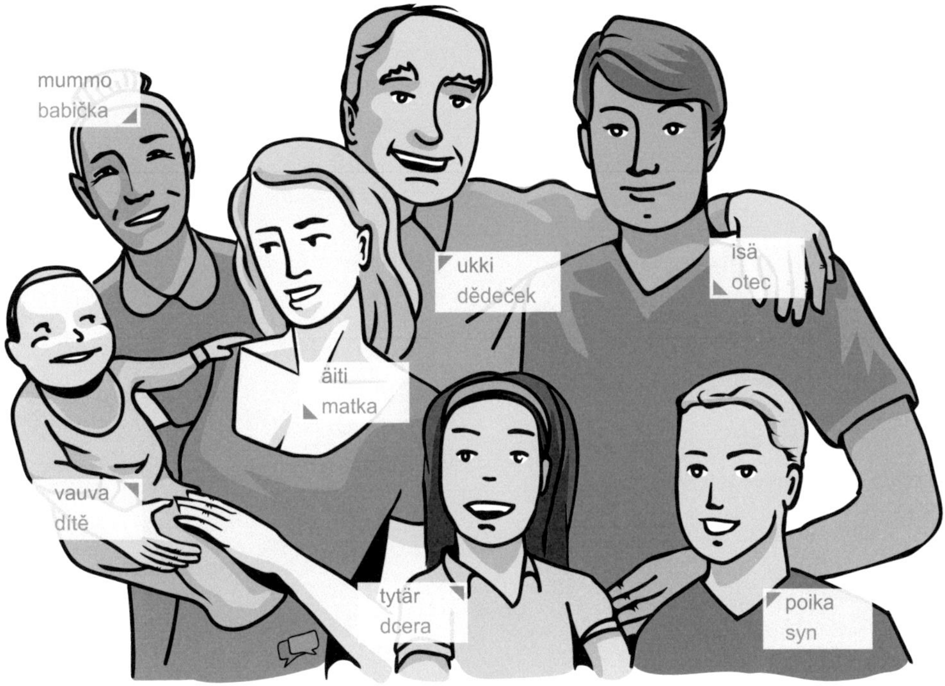
mummo
babička
ukki
dědeček
isä
otec
äiti
matka
vauva
dítě
tytär
dcera
poika
syn

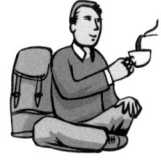

vieras

host

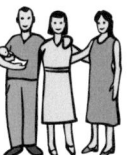

täti

teta

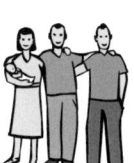

setä

strýc

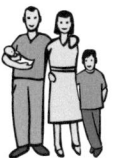

veli

bratr

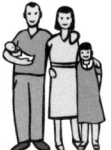

sisko

sestra

vartalo

tělo

otsa
čelo
silmä
oko
olkapää
rameno
sormet
prst
kasvot
obličej
leuka
brada
käsi
ruka
jalka
dolní končetina
rinta
hruď
käsivarsi
paže

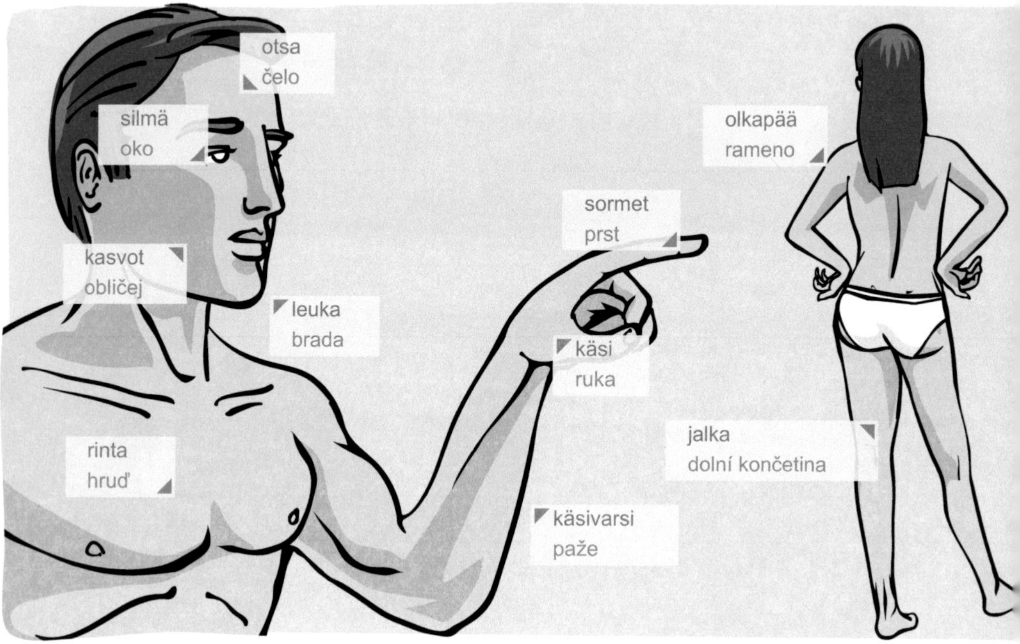

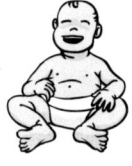

vauva

dítě

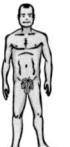

mies

muž

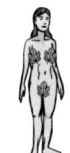

nainen

žena

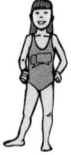

tyttö

dívka

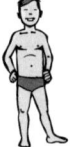

poika

chlapec

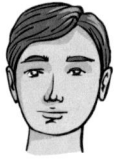

pää

hlava

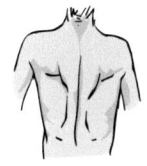

selkä

záda

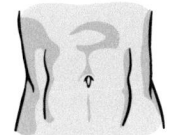

maha

břicho

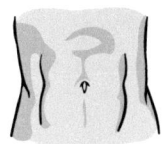

napa

pupík

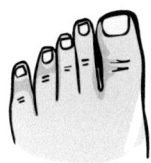

varvas

prst na noze

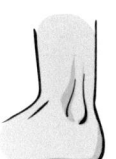

kantapää

pata

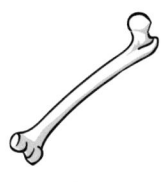

luu

kost

lantio

bok

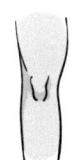

polvi

koleno

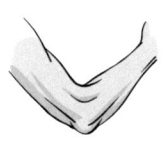

kyynärpää

loket

nenä

nos

takapuoli

zadek

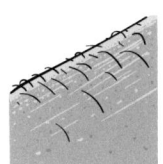

iho

kůže

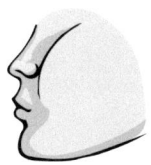

poski

tvář

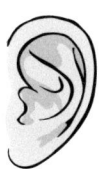

korva

ucho

huuli

ret

vartalo - tělo

suu

ústa

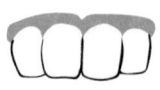

hammas

zub

kieli

jazyk

aivot

mozek

sydän

srdce

lihas

sval

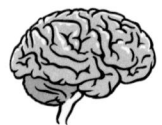

keuhkot

plíce

maksa

játra

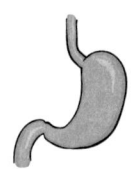

vatsa

žaludek

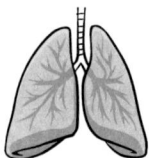

munuaiset

ledviny

seksi

pohlavní styk

kondomi

kondom

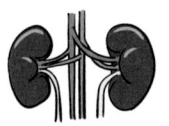

munasolu

vajíčko

sperma

sperma

raskaus

těhotenství

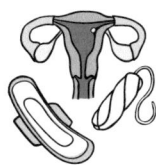

kuukautiset

menstruace

vagina

vagina

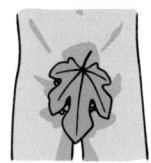

penis

penis

kulmakarvat

obočí

hiukset

vlasy

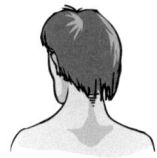

niska

krk

sairaala
nemocnice

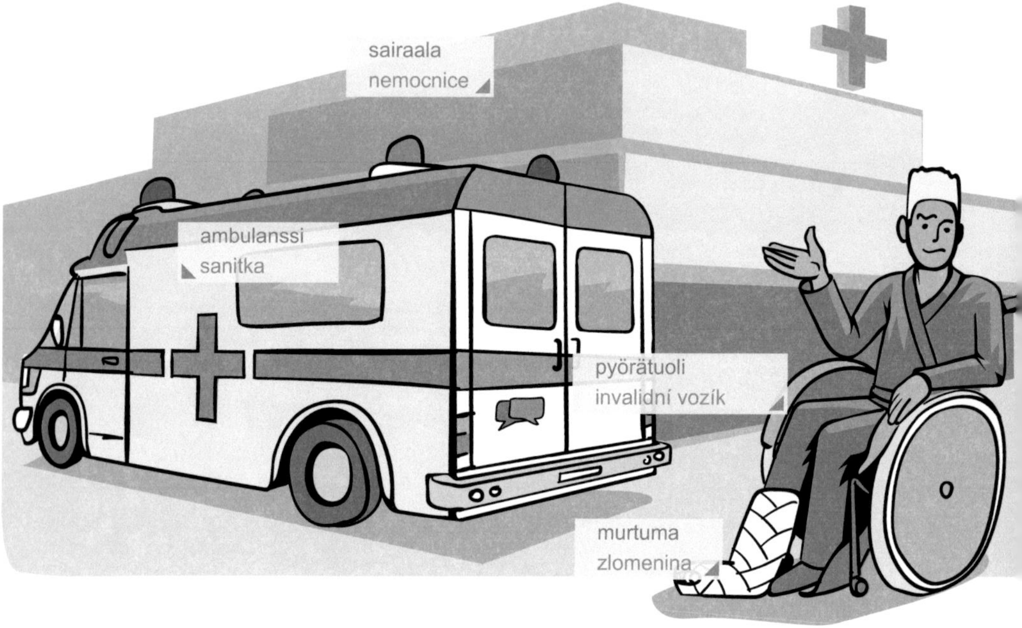

sairaala
nemocnice
ambulanssi
sanitka
pyörätuoli
invalidní vozík
murtuma
zlomenina

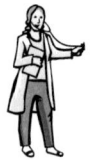

lääkäri

lékař

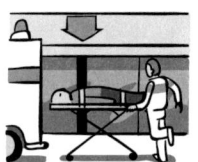

ensiapu

pohotovost

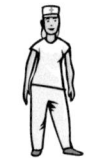

sairaanhoitaja

zdravotní sestra

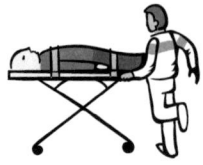

hätätilanne

urgentní případ

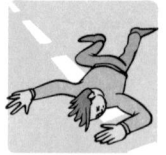

tajuton

v bezvědomí

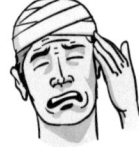

kipu

bolest

vamma

úraz

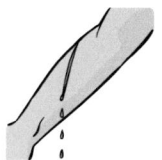

verenvuoto

krvácení

sydänkohtaus

infarkt myokardu

aivoinfarkti

cévní mozková příhoda

allergia

alergie

yskä

kašel

kuume

horečka

flunssa

chřipka

ripuli

průjem

päänsärky

bolest hlavy

syöpä

rakovina

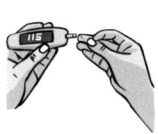

diabetes

cukrovka

kirurgi

chirurg

veitsi

skalpel

leikkaus

operace

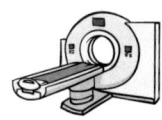

ct
CT

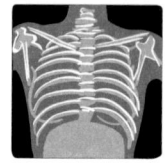

röntgen
rentgen

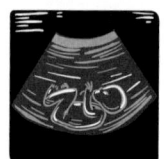

ultraääni
ultrazvuk

maski
maska

sairaus
nemoc

odotushuone
čekárna

sauva
berle

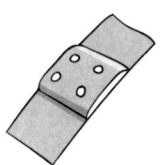

laastari
náplast

side
obvaz

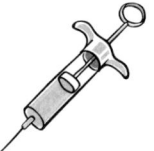

pistos
injekce

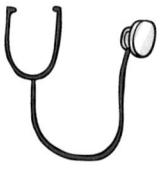

stetoskooppi
stetoskop

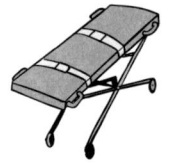

paarit
nosítka

kuumemittari
teploměr

syntymä
porod

ylipaino
nadváha

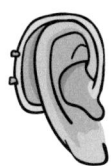

kuulolaite

naslouchátko

desinfiointiaine

dezinfekční prostředek

infektio

infekce

virus

virus

HIV / AIDS

HIV / AIDS

lääke

lékařství

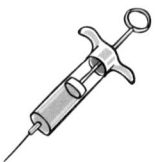

rokotus

očkování

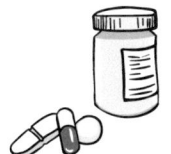

tabletit

tablety

pilleri

pilulka

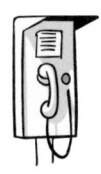

hätäpuhelu

tísňové volání

verenpainemittari

tonometr

sairas / terve

nemocný / zdravý

Apua!

Pomoc!

hälytys

poplach

ryöstö

přepadení

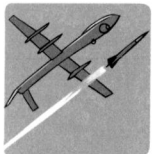

hyökkäys

napadení

vaara

nebezpečí

hätäuloskäynti

nouzový východ

Tulipalo!

Hoří!

palosammutin

hasicí přístroj

onnettomuus

nehoda

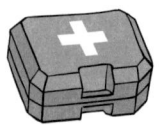

ensiapulaukku

zdravotnická brašna

SOS

SOS

poliisilaitos

policie

Eurooppa

Evropa

Pohjois-Amerikka

Severní Amerika

Etelä-Amerikka

Jižní Amerika

Afrikka

Afrika

Aasia

Asie

Australia

Austrálie

Atlantin valtameri

Atlantik

Tyynimeri

Pacifik

Intian valtameri

Indický oceán

Eteläinen jäämeri

Jižní ledový oceán

Pohjoinen jäämeri

Severní ledový oceán

pohjoisnapa

severní pól

etelänapa

jižní pól

Antarktis

Antarktida

maa

země

maa

pevnina

meri

moře

saari

ostrov

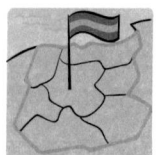

kansa

národ

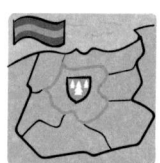

osavaltio

stát

kellotaulu

ciferník

tuntiviisari

hodinová ručička

minuuttiviisari

minutová ručička

sekuntiviisari

vteřinová ručička

Paljonko kello on?

Kolik je hodin?

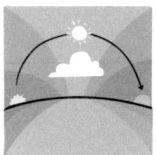

päivä

den

aika

čas

nyt

teď

digitaalikello

digitální hodinky

minuutti

minuta

tunti

hodina

viikko
týden

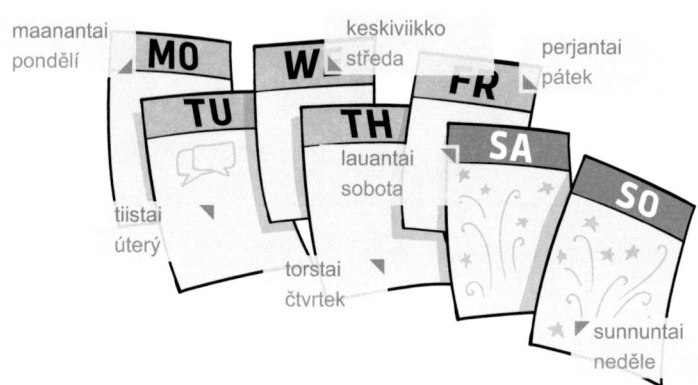

maanantai / pondělí — MO
keskiviikko / středa — W
perjantai / pátek — FR
tiistai / úterý — TU
torstai / čtvrtek — TH
lauantai / sobota — SA
sunnuntai / neděle — SO

eilen
včera

tänään
dnes

huomenna
zítra

aamu
ráno

keskipäivä
poledne

ilta
večer

työpäivät
pracovní dny

viikonloppu
víkend

sade
déšť

sateenkaari
duha

lumi
sníh

tuuli
vítr

kevät
jaro

syksy
podzim

kesä
léto

talvi
zima

4.APRIL	11°	☀
5.APRIL	4°	☁
6.APRIL	13°	☂
7.APRIL	8°	☀
8.APRIL	10°	☀

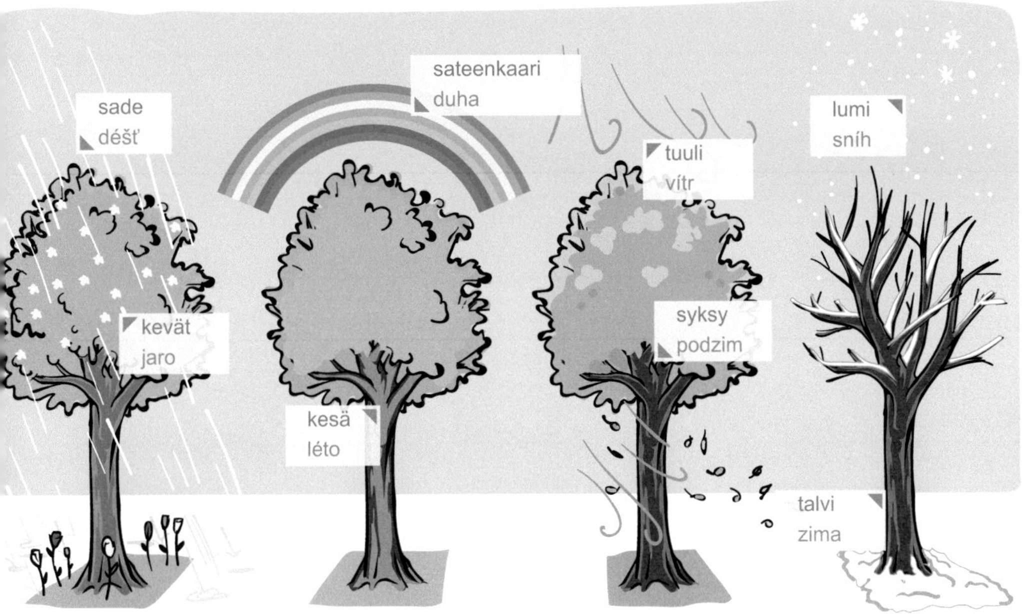

sääennuste

předpověď počasí

lämpömittari

teploměr

auringonpaiste

sluneční svit

pilvi

mrak

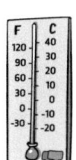

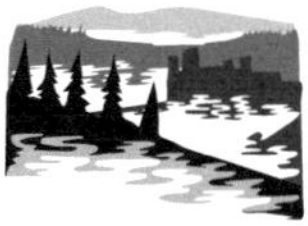

sumu

mlha

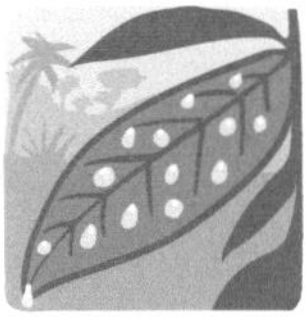

ilmankosteus

vlhkost

salama
blesk

ukkonen
hrom

myrsky
bouřka

rae
kroupy

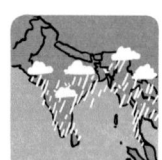

monsuuni
monzun

tulva
povodeň

jää
led

tammikuu
leden

helmikuu
únor

maaliskuu
březen

huhtikuu
duben

toukokuu
květen

kesäkuu
červen

heinäkuu
červenec

elokuu
srpen

vuosi - rok

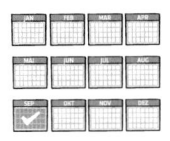

syyskuu

září

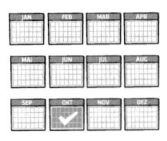

lokakuu

říjen

marraskuu

listopad

joulukuu

prosinec

muodot
tvary

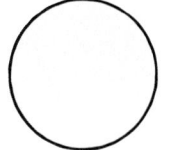

ympyrä

kruh

neliö

čtverec

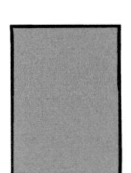

suorakulmio

obdélník

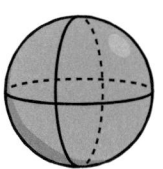

kolmio

trojúhelník

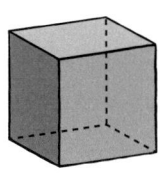

pallo

koule

kuutio

krychle

valkoinen

bílá

keltainen

žlutá

oranssi

oranžová

vaaleanpunainen

růžová

punainen

červená

violetti

fialová

sininen

modrá

vihreä

zelená

ruskea

hnědá

harmaa

šedá

musta

černá

paljon / vähän

hodně / málo

vihainen / ystävällinen

rozzuřený / mírumilovný

kaunis / ruma

krásný / ošklivý

alku / loppu

začátek / konec

suuri / pieni

velký / malý

vaalea / tumma

světlý / tmavý

veli / sisko

bratr / sestra

puhdas / likainen

čistý / špinavý

täydellinen / epätäydellinen

úplný / neúplný

päivä / yö

den / noc

kuollut / elävä

mrtvý / živý

leveä / kapea

široký / úzký

syötävä / syömäkelvoton

jedlý / nejedlý

paha / kiltti

zlý / hodný

innostunut / tylsistynyt

vzrušený / znuděný

lihava / laiha

tlustý / hubený

ensimmäinen / viimeinen

nejdříve / naposledy

ystävä / vihollinen

přítel / nepřítel

täysi / tyhjä

plný / prázdný

kova / pehmeä

tvrdý / měkký

painava / kevyt

těžký / lehký

nälkä / jano

hlad / žízeň

sairas / terve

nemocný / zdravý

laiton / laillinen

ilegální / legální

älykäs / tyhmä

inteligentní / hloupý

vasen / oikea

vlevo / vpravo

lähellä / kaukana

blízko / daleko

uusi / käytetty

nový / použitý

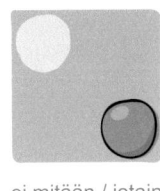

ei mitään / jotain

nic / něco

vanha / nuori

starý / mladý

päällä / pois päältä

zapnutý / vypnutý

auki / kiinni

otevřeno / zavřeno

hiljainen / äänekäs

tichý / hlasitý

rikas / köyhä

bohatý / chudý

oikein / väärin

správný / špatný

karhea / sileä

drsný / hladký

surullinen / iloinen

smutný / šťastný

lyhyt / pitkä

krátký / dlouhý

hidas / nopea

pomalý / rychlý

märkä / kuiva

vlhký / suchý

lämmin / viileä

teplý / chladný

sota / rauha

válka / mír

0	**1**	**2**
nolla	yksi	kaksi
nula	jedna	dva

3	**4**	**5**
kolme	neljä	viisi
tři	čtyři	pět

6	**7**	**8**
kuusi	seitsemän	kahdeksan
šest	sedm	osm

9	**10**	**11**
yhdeksän	kymmenen	yksitoista
devět	deset	jedenáct

12	13	14
kaksitoista	kolmetoista	neljätoista
dvanáct	třináct	čtrnáct

15	16	17
viisitoista	kuusitoista	seitsemäntoista
patnáct	šestnáct	sedmnáct

18	19	20
kahdeksantoista	yhdeksäntoista	kaksikymmentä
osmnáct	devatenáct	dvacet

100	1.000	1.000.000
sata	tuhat	miljoona
sto	tisíc	milion

englanti
angličtina

amerikanenglanti
americká angličtina

mandariinikiina
standardní čínština

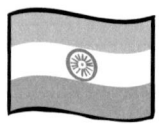

hindi
hindština

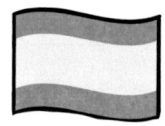

espanja
španělština

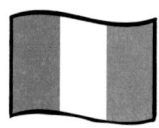

ranska
francouzština

arabia
arabština

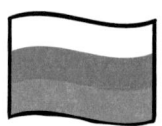

venäjä
ruština

portugali
portugalština

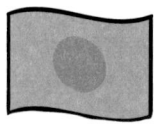

bengali
bengálština

saksa
němčina

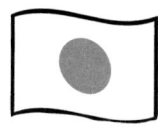

japani
japonština

minä

já

sinä

ty

hän

on / ona / ono

me

my

te

vy

he

oni

kuka?

Kdo?

mitä / mikä?

Co?

miten?

Jak?

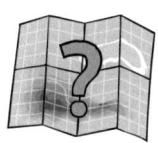

missä?

Kde?

milloin?

Kdy?

nimi

jméno

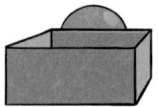

takana

za

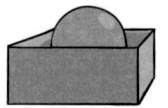

sisällä

do

edessä

z

yläpuolella

nad

päällä

na

alapuolella

mezi

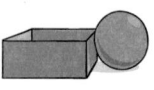

vieressä

vedle

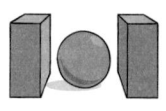

välissä

mezi

paikka

místo